뭉치 위대한 과학자 시리즈 01
꿈꾸는 아인슈타인 1
세상을 바꾼 특수상대성이론

초판 1쇄 발행   2024년 3월 15일

지은이	송은영
그린이	신영우
감수	김제완(서울대학교 명예교수)

펴낸이	이경민
펴낸곳	㈜동아엠앤비
출판등록	2014년 3월 28일(제25100-2014-000025호)
주소	(03972) 서울특별시 마포구 월드컵북로22길 21, 2층
홈페이지	www.dongamnb.com
전화	(편집) 02-392-6901 (마케팅) 02-392-6900
팩스	02-392-6902
SNS	❋ ◉ blog
전자우편	damnb0401@naver.com

ⓒ 신영우, 2024
ISBN 979-11-6363-794-3 (77400)

※ 책 가격은 뒤표지에 있습니다.
※ 잘못된 책은 구입한 곳에서 바꿔 드립니다.

 도서출판 뭉치는 ㈜동아엠앤비의 어린이 출판 브랜드로, 아이들의 지식을 단단하게 만들어 주고, 아이들의 창의력과 사고력을 키워 주어 우리 자녀들이 융합형 사고뭉치와 창의뭉치로 성장할 수 있도록 좋은 책을 만들겠습니다.

뭉치 위대한 과학자 시리즈 01

어린이과학동아
인기 연재 과학 만화

 세상을 바꾼
특수상대성이론

감수자의 말

아인슈타인을 알면 세상이 보입니다!

20세기 최고의 과학자 아인슈타인의 이름은 누구나 다 알 것입니다. 하지만 인간 아인슈타인의 고뇌와 인생을 잘 아는 사람은 그리 많지 않습니다. 만화로 펴낸 '꿈꾸는 아인슈타인'을 보면 '아인슈타인의 인생과 어려운 상대성이론을 이렇게 쉽고 재미있게 풀어 낼 수 있구나' 하는 생각이 듭니다. 특히 아인슈타인이 상대성이론을 완성하는 데 즐겨 사용했던 '사고실험'으로 상대성이론을 설명하려 한 점은 참으로 독특한 발상입니다.

아인슈타인은 젊은 시절 사고실험을 통해 생각을 정리하면서 그 유명한 상대성이론을 도입하고 완성시켰습니다. 현대 과학은 아인슈타인의 상대성이론을 바탕으로 이루어져 있다고 해도 지나친 말이 아닙니다. 우주의 생성과 변천 그리고 별의 탄생과 죽음에 이르기까지 아인슈타인의 이론이 영향을 미치고 있습니다. 인간뿐만 아니라 생명체를 있게 하는 탄소와 그 밖의 원소들의 생성 역시 그의 이론에 따르고 있습니다.

또한 우리의 일상생활 곳곳에 아인슈타인이 살아 숨쉬고 있습니다. 어두운 밤을 환하게 밝히고 있는 전기의 40%가 원자력 발전에서 나옵니다. 이것은 아인슈타인 하면 누구나 떠올리는 유명한 공식 $E=mc^2$에서 나온 것입니다. '디지털카메라'와 GPS 내비게이터 역시 아인슈타인의 이론이 있기 때문에 가능한 것입니다. 일반상대성이론은 아직 완전하게 완성되었다고 할 수 없습니다. 지금도 제2의 아인슈타인을 꿈꾸는 물리학자들이 이를 완성하는 데 온갖 힘을 쏟고 있습니다.

아인슈타인을 알면 우주에서 일상생활에 이르기까지 세상이 보입니다. 이런 뜻에서 세상살이에 막 발을 들여놓은 어린이들에게 '아인슈타인' 만화가 나온다는 것은 정말로 뜻있는 일이라 할 수 있습니다.

김제완(서울대학교 명예교수)

작가의 말

아인슈타인을 보고 생각하는 힘을 길러 보세요!

　창의력의 밑바탕에는 사고력이 큼지막하게 자리를 잡고 있습니다. 생각하는 힘은 창의력을 키우는 데 더없이 중요한 요소입니다. 인간을 가리켜 생각하는 동물이라고 합니다. 무거운 걸 들기 위해서 기중기를 개발했고 빨리 이동하기 위해서 자동차를 발명했으며 하늘을 날기 위해서 비행기를 만들어 냈습니다. 이 모든 것이 생각할 수 있는 힘을 가지고 있기 때문에 가능한 일입니다.

　이처럼 우리가 더 나은 삶을 살아가는 데 꼭 필요한 것이 생각입니다. 그러나 이렇게 중요한 생각을 머릿속에만 꼭꼭 숨겨 둔 채 썩혀서는 안 됩니다. 값지고 의미 있게 써야 합니다. 생각을 가장 값지고 의미 있게 쓴 사람을 들라면 아인슈타인을 꼽을 수가 있습니다. 사람들은 아인슈타인을 가리켜서 백 년에 한 명 나올까 말까 한 위대한 천재라고 부릅니다. 사람들이 아인슈타인을 이토록 침이 마르도록 칭찬하는 데에는 생각하는 힘이 위대했기 때문입니다. 아인슈타인 이전에는 그 누구도 감히 하지 못한 기발한 생각을 그가 해냈습니다.

　어린이 여러분도 상대성이론을 들어 보았을 것입니다. 아인슈타인이 완성해 낸 최고로 멋진 물리학 이론 말입니다. 아인슈타인은 자신의 생각하는 힘을 상대성이론에 아낌없이 쏟아부었습니다. 그러니 상대성이론을 이해하면 아인슈타인의 생각하는 힘을 고스란히 느낄 수가 있습니다.

　저는 아인슈타인이라고 하는 위대한 인물과 상대성이론을 통해 그 안에 담긴 생각하는 힘을 여러분에게 쏙쏙 알려 주고 싶었습니다. '배부른 돼지가 되기보단, 배고픈 사람이 되겠다'는 말이 있습니다. 생각하면서 사는 삶이 그만큼 뜻있고 가치 있다는 말입니다. 여러분! 아인슈타인과 상대성이론을 통해 생각의 위대한 힘을 탄탄하게 키워 보세요.

송은영

차 례

감수자의 말 4
작가의 말 5
등장인물 소개 8

01 상대성이란? 11
상대적의 반대는 절대적이에요 33

02 상대성원리란? 35
속도가 안 변하면 특수, 변하면 일반 57

03 광속의 비밀 59
빛의 속도는 무한히 빠르지 않아요 81

04 광속, 넘보지 마! 83
빛보다 빨리 달릴 수 있을까요? 105

05 길이도 변한다! [107]
달리는 쪽으로 길이가 줄어들어요 129

06 70년 후의 프러포즈 [131]
빨리 달리면 시간이 느려져요 153

07 $E = mc^2$ [155]
빨리 달리면 무거워져요 177

08 4차원 여행 [179]
공간과 시간은 한 친구예요 203

- 아인슈타인의 가족 관계는 어떻게 되나요? 34
- 아인슈타인은 왜 상대성이론으로 노벨상을 받지 않았나요? 58
- 아인슈타인은 어떤 연구로 박사학위를 받았나요? 82
- 아인슈타인과 친한 친구는 누구인가요? 106
- 아인슈타인이 유대인이라고 하는데 유대인이란 누구인가요? 130
- 아인슈타인이 대통령이 될 수도 있었다는데 사실인가요? 154
- 아인슈타인이 원자폭탄을 만들라는 편지를 직접 썼나요? 178
- 아인슈타인이 연구에 매달렸던 통일장이론은 무엇인가요? 204

해리포러

12세. 호그바트 마법학교에서 마법 수업을 받는 소년 마법사. 마법과 과학이 일맥상통할 거라는 생각을 가지고 있다. 아인슈타인 박사님을 가장 존경하고 아인슈타인 박사가 위기에 빠졌을 때 마법을 이용해 구해 준다.

조은하

11세. 신성이와 동갑내기 친구. 나이에 비해 생각이 깊고 말도 조리 있게 잘한다. 하지만 공주병 증세가 조금 있다. 과학에 관심이 많으며 특히 아인슈타인 박사로부터 상대성이론을 배우는 걸 좋아한다. 신성이가 자기를 좋아하는 걸 알지만 친구 이상의 관심은 없다.

게슈타포

세계 제일의 과학자를 꿈꾸는 물리학도. 현재는 가난해 독일반점에서 자장면 배달로 생계를 유지한다. 아인슈타인을 제거하면 자신이 세계 제일의 과학자가 될 것이라는 착각에 빠져 있다. 그래서 아인슈타인이 하는 사고실험을 방해하기 위해 온갖 못된 짓을 다 한다. 하지만 늘 자기 꾀에 자기가 넘어간다.

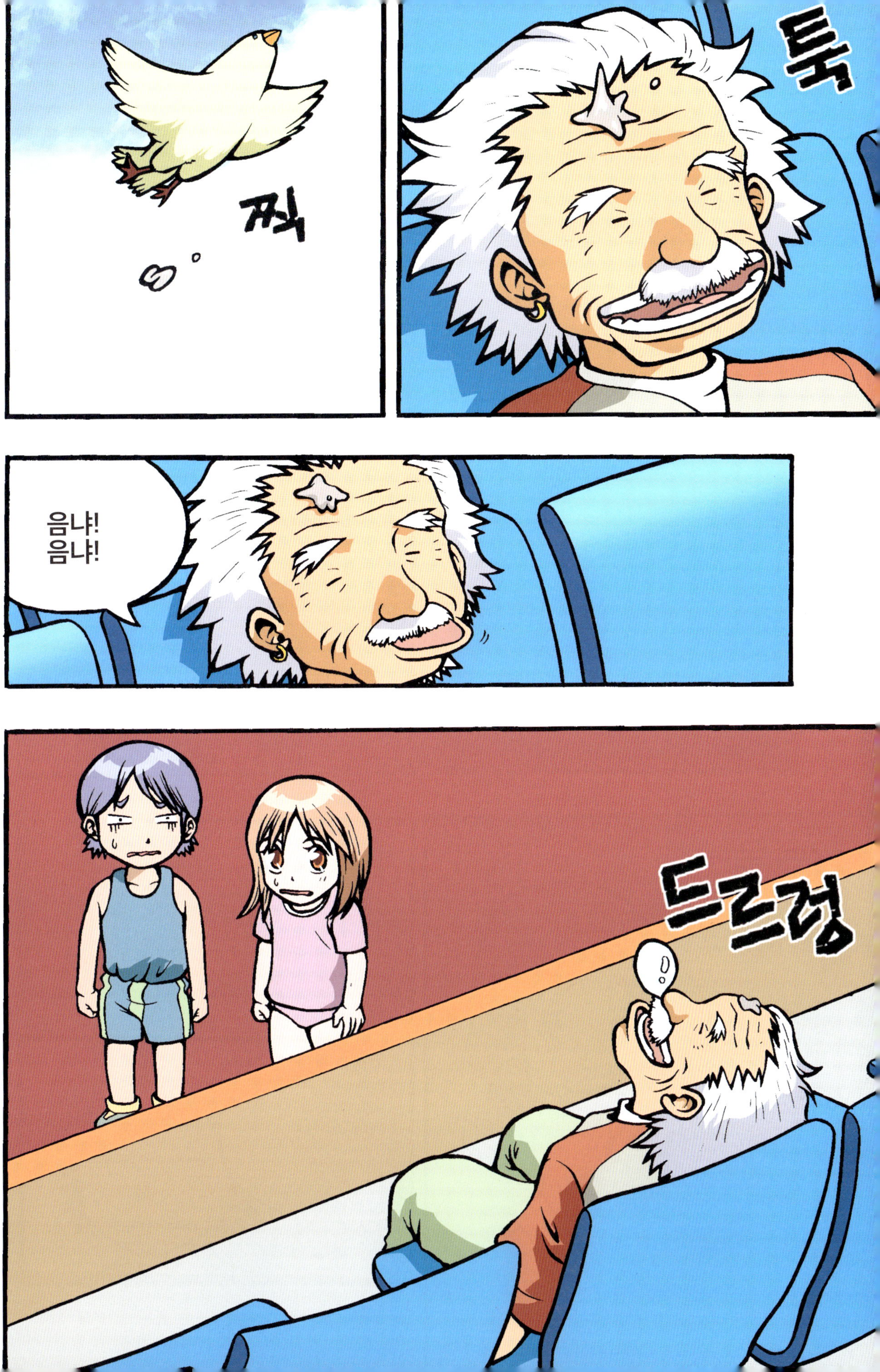

사실 난 잔 게 아니고, 사고실험을 하는 거였어.

사고실험?

그럼, 아인슈타인 박사님이 시속 100km, 저희가 시속 50km로 달리고 있다는 것도 맞는 말이고~

저희가 정지해 있고 박사님이 시속 150km로 달리고 있다는 것도 맞는 말이고~

상대적의 반대는 절대적이에요

절대적이란 이것인지 저것인지 확실하게 구분이 되는 거예요. 그 무엇과도 견줄 만한 것이 없고 어떤 것에도 흔들리거나 뒤바뀌지 않는 것이지요. 기준이 바뀌어도 항상 똑같은 결과가 나와요.

절대적인 것에 비해 상대적인 것은 기준이 무엇이냐에 따라 표현이 이렇게도 변하고 저렇게도 달라져요. 달리는 기차에서 창 밖을 내다보고 있으면 기차가 멈춰 있고 가로수가 움직이는 것처럼 보여요. 즉, 기차가 달리고 있는 것인지 가로수가 움직이는지 아리송할 때가 있어요. 아인슈타인이 상대성이론을 발표하기 전까지 사람들은 세상이 절대적이라고 믿었어요. 언제, 어디서, 누가 재도 시간은 항상 똑같았고, 길이는 틀림이 없으며, 질량은 다르지 않다고 생각했지요. 예를 들어, 내가 시간을 잰 한 시간이었다면 누가 재도 한 시간이어야 하고, 내가 길이를 잰 1m였으면 누가 재도 1m여야 하고, 내가 질량을 잰 1kg이었다면 누가 재도 항상 1kg이어야 하지요. 그러나 아인슈타인은 그렇게 생각하지 않았어요. 시간과 길이와 질량은 늘 변하는 상대적인 양이라고 생각했어요. 내가 잰 시간이 한 시간이어도 다른 사람은 40분이 될 수 있고, 내가 잰 길이가 1m여도 다른 사람은 0.8m가 될 수 있고, 내가 잰 질량이 1kg이어도 다른 사람은 1.5kg이 될 수 있다고 본 거예요.

실제로 아인슈타인은 상대성이론에서 물체가 빛의 속도에 가까운 속도로 운동하면 시간은 느려지고, 길이는 줄어들고, 질량은 커진다는 사실을 밝혀 냈답니다.

Q 아인슈타인의 가족 관계는 어떻게 되나요?

A 아인슈타인의 이름은 알베르트예요. 아인슈타인은 성이지요. 우리가 흔히 부를 때는 그냥 아인슈타인이라고 한답니다. 아인슈타인의 아버지는 헤르만 아인슈타인이고 어머니는 파울리네 아인슈타인이에요. 아인슈타인의 집안은 독일 남부에 친척이 많았답니다. 1879년 3월 14일 아인슈타인이 태어났고, 다다음해인 1881년 11월 18일 누이 동생인 마야 아인슈타인이 태어났어요.

알베르트 아인슈타인의 친할아버지는 아브라함 아인슈타인이고 친할머니는 힌델 아인슈타인이에요. 친할아버지는 점잖고 지적인 것으로 소문이 퍼졌고 친할머니는 평범한 가정주부였답니다. 그러나 둘은 모두 알베르트 아인슈타인이 젖먹이였을 적에 세상을 떠났답니다.

아인슈타인의 외할아버지는 율리우스 데어츠바허이고 독일 남서부의 칸슈타트 출신이었어요. 그는 작은 마을에서 빵 가게를 하면서 성실하게 살았는데 나중에 성을 코흐로 바꾸고 곡물 거래를 하여 큰 부자가 되었답니다.

아인슈타인에게는 야콥 아인슈타인이라는 삼촌이 있었어요. 야콥은 아버지의 친동생이며 함께 사업을 했지요. 삼촌은 아인슈타인이 수학에 흥미를 가지는 데 커다란 영향을 미쳤다고 해요.

아인슈타인이 탄 차는 시속 100km, 신성과 은하가 탄 차는 시속 50km로 달린다. 본문에서는 서로 반대 방향으로 달리는 실험을 했는데, 만약 두 차가 같은 방향으로 달릴 때 다음 중 잘못된 것은?

(정답은 204쪽에 있습니다.)

① 신성과 은하가 정지해 있고, 아인슈타인이 시속 50km로 달리고 있는 것과 같다.
② 아인슈타인이 정지해 있고, 신성과 은하가 반대 방향으로 시속 50km로 달리고 있는 것과 같다.
③ 이런 속도로 계속 달리면 신성과 은하가 탄 차는 아인슈타인이 탄 차를 절대 따라잡을 수 없다.
④ 1시간이 지난 후 두 차의 거리는 100km다.

호호호~!
그래, 저렇게 들어갔구먼!

으아아아아!

슈우우욱

게당케 게당케 인!

게당케 게당케 인!
게당케 게당케 인!

헉헉!
게당케 게당케 인!

창밖의 별들이 지나가는 걸로 알 수 있어요!

쿠우우우우

- 몇 시간 후

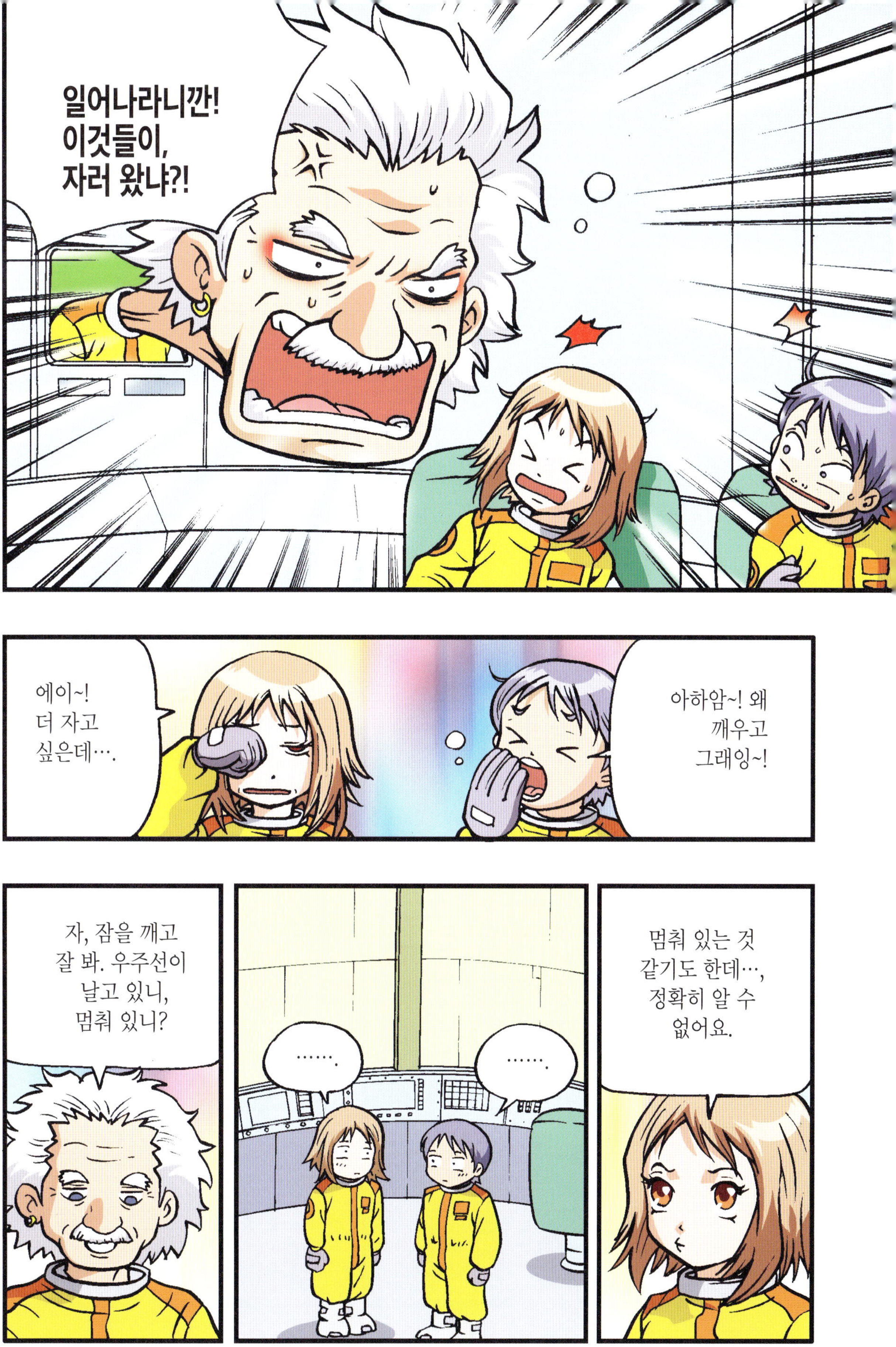

그러면 얼마의 속도로 날든 속도만 변하지 않으면 움직이고 있는지 멈춰 있는지 알 수 없는 거네요?

그래, 우주선은 똑같은 속도로 날고 있단다. 이처럼 똑같은 속도로 계속 날면, 움직이고 있는지 멈춰 있는지 알 수 없는데, 이걸 **상대성원리**라고 하지.

빙고~!

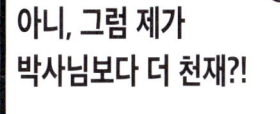

속도가 안 변하면 특수, 변하면 일반

아인슈타인이 알아 낸 상대성이론은 크게 둘로 구분해요. 하나는 특수상대성이론이고, 다른 하나는 일반상대성이론이지요. 특수상대성이론은 1905년에 발표했고, 일반상대성이론은 1916년에 발표했어요. 그런데 왜 상대성이론은 둘로 나누는 걸까요?

특수상대성이론은 속도의 변화가 없을 때 사용해요. 어떤 물체가 운동할 때 속도가 변하지 않는 것을 등속도 운동이라고 하지요. 그러니까 특수상대성이론은 물체가 등속도로 운동하는 특수한 상황에서 사용하는 이론이에요. 예를 들어 우주선이 광속(빛의 속도)의 절반으로 날고 있다고 생각해 볼까요? 우주선이 등속도 운동을 한다면, 10분 후에도 한 시간 후에도 열흘 후에도 광속의 절반의 속도로 계속 움직일 거예요. 이런 경우 특수상대성이론을 사용할 수 있어요.

그런데 물체의 운동은 시간이 지남에 따라 속도가 빨라지기도 하고, 느려지는 경우가 있을 수 있어요. 이런 물체의 운동은 특수상대성이론으로는 설명할 수 없답니다. 그래서 아인슈타인이 특수상대성이론을 더 발전시킨 것이 바로 일반상대성이론이랍니다.

우주선이 광속의 절반으로 출발했는데 중간에 광속의 3분의 2로 속도를 높이거나 또는 3분의 1로 낮춘다고 생각해 볼까요? 이때는 중간에 속도가 변하는 상황이므로 특수상대성이론을 사용하지 못하고 일반상대성이론을 적용해야 해요.

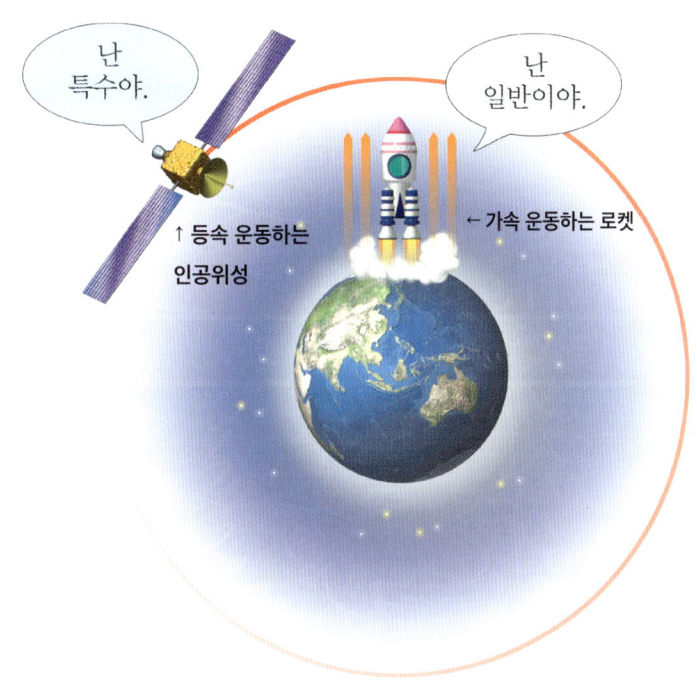

Q 아인슈타인은 왜 상대성이론으로 노벨상을 받지 않았나요?

A 아인슈타인이 세계적인 과학자가 된 가장 큰 이유는 상대성이론을 완성했기 때문이에요. 상대성이론은 기존의 생각을 바꾼 위대한 업적이지요. 그런데 노벨 물리학상은 상대성이론으로 받지 않고 광전효과에 대한 연구로 받았어요.

아인슈타인이 한창 과학 연구에 몰두하고 있던 1910년대 독일을 비롯한 영국, 프랑스 등 유럽에서는 유대인들을 무시하는 경향이 널리 퍼져 있었어요. 아인슈타인도 유대인이었지요.

이런 상황 때문에 노벨상 심사위원 중 몇몇 사람은 아인슈타인이 노벨상을 받을 만 하지만 상대성이론으로는 줄 수 없다고 생각했어요. 그래서 노벨상 수상 이유도 '이론 물리학의 여러 가지 연구, 특히 광전효과의 법칙 발견'이라고 되어 있답니다. 또 아인슈타인은 1921년도 노벨 물리학상 수상자로 결정되었지만, 실제로 상을 받은 것은 1922년 11월이었어요.

밖을 내다볼 수 없는 우주선이 우주 공간을 같은 속도로 날고 있다. 어느 순간 우주선의 속도를 높였을 때 일어나는 현상 중 잘못된 것은?

(정답은 204쪽에 있습니다.)

① 밖을 내다보지 않고도 우주선이 날고 있다는 것을 알 수 있다.
② 속도계를 보지 않고도 우주선의 속도가 증가했다는 것을 알 수 있다.
③ 속도를 높이는 순간 우주선이 날고 있는 방향으로 몸이 쏠린다.
④ 속도를 높이는 순간 우주선이 날고 있는 반대 방향으로 몸이 쏠린다.

제3장
광속의 비밀

※ 우렁쉥이 : 멍게의 표준말

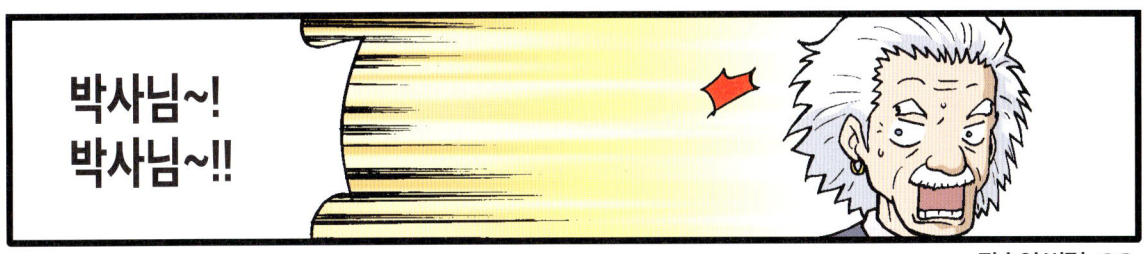

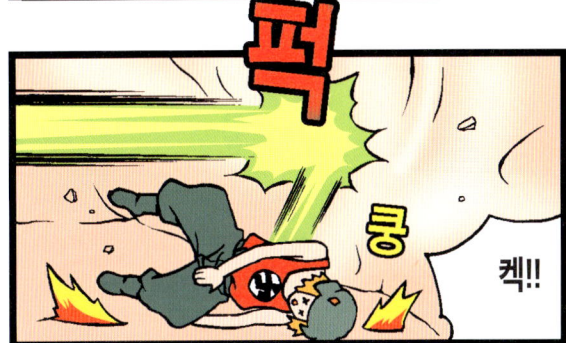

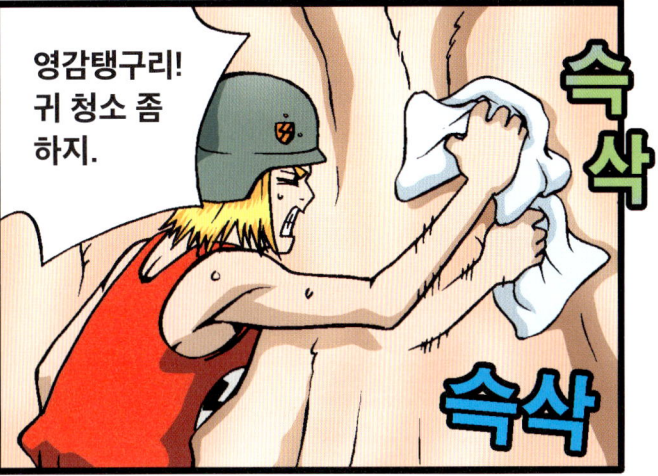

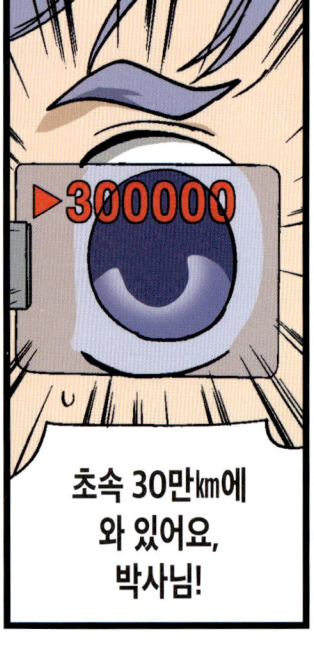

빛과 똑같이 달리니까 거울에 빛이 닿을 수가 없어. 그래서 안 보이는 거야.

쿠아아아

아, 그렇구나….

※빛의 속도로 빛을 뒤쫓는 사고실험은 아인슈타인이 특수상대성이론을 만들기 전인 16세 때 한 것입니다. 실제로 이런 실험을 할 수는 없지만 특수상대성이론에 의하면 빛의 속도는 언제 어디서나 똑같기 때문에 거울에 얼굴이 보일 수 있습니다.

박사님, 그럼 빛보다 빨리 달리면…?

우리가 거울로 사람이나 물체를 볼 수 있는 것은 빛이 반사되어 돌아오기 때문이지.

그런데 빛과 같은 속도로 달리면 거울에 빛이 닿을 수 없기 때문에 볼 수 없는 거야.

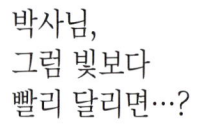

옳지. 그 질문이 나올 줄 알았다.

빛보다 빨리 달리면 우리가 늘 경험해 왔던 일이 엉망진창, 뒤죽박죽이 되지.

빛의 속도는 무한히 빠르지 않아요

빛의 속도는 엄청나게 빨라요. 그 누구도 그 어떤 것도 빛의 속도를 결코 따라갈 수가 없지요. 1초에 지구 둘레를 일곱 바퀴 반이나 돌아요. 그러나 빛의 속도가 한없이 빠른 것은 아니에요.

빛의 속도가 무한히 빠르다면 우주 어디라도 순식간에 왔다 갔다 할 수가 있어야 해요. 태양에서 나오는 빛도 지구까지 오는 데 약간의 시간도 걸려서는 안 되지요. 하지만 태양빛이 지구까지 오는 데는 8분 20초 정도의 시간이 걸려요. 또 지구에서 가장 가까운 별인 센타우루스 알파별에서 나온 빛이 지구까지 오는 데는 무려 4년 이상이 걸린답니다.

빛의 속도가 이처럼 무한히 빠르지 않다는 것을 알고, 처음으로 속도를 재 보려고 시도한 과학자는 갈릴레이예요. 하지만 갈릴레이는 빛의 속도를 알아 내는 데 실패했어요. 빛처럼 빠르게 움직이는 걸 측정하려면 아주 정밀한 기계가 필요한데 갈릴레이가 살던 시대에는 그런 실험 장비가 없었답니다. 한 마디로 실험 장비가 너무 구식이어서 빛의 속도를 제대로 알아 내지 못한 것이지요.

빛의 속도를 처음으로 정확하게 알아 낸 과학자는 맥스웰이에요. 맥스웰은 빛이 초속 30만km로 움직인다는 것을 이론적으로 밝혀 냈습니다.

Q 아인슈타인은 어떤 연구로 박사 학위를 받았나요?

A 과학자들은 1905년을 기적의 해라고 부른답니다. 아인슈타인이 1905년에 훌륭한 논문을 연이어 내놓았기 때문이지요. 아인슈타인은 1905년 3월에 광전 효과를 발표했지요. 광전 효과는 빛이 알갱이와 같은 입자로 이루어져 있다는 걸 밝힌 이론이지요. 아인슈타인은 광전 효과에서 빛이 물결과 같은 파동의 특성뿐만 아니라 알갱이와 같은 입자의 특성도 갖고 있다는 것을 명백히 알아 냈지요. 광전 효과는 오늘날 라디오와 텔레비전, 컴퓨터와 휴대 전화 등 현대 문명을 가능하게 한 이론이에요. 이것이 아인슈타인에게 노벨 물리학상을 안겨 준 연구이기도 하답니다.

1905년 5월에는 브라운 운동을 발표했습니다. 브라운 운동은 물 표면에서 꽃가루가 이리저리 움직이는 운동이에요. 아인슈타인은 브라운 운동이 물 분자의 충돌 때문에 일어나는 것이라 생각하고 그 움직임을 면밀히 분석하면 물 분자의 크기를 측정할 수 있다는 걸 알아 냈어요. 이것은 통계 물리학이라는 분야를 새롭게 연 중요한 업적이에요. 취리히 대학은 이 논문의 가치를 높이 평가해서 아인슈타인에게 물리학 박사 학위를 주었답니다.

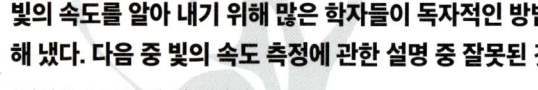

빛의 속도를 알아 내기 위해 많은 학자들이 독자적인 방법을 고안해 냈다. 다음 중 빛의 속도 측정에 관한 설명 중 잘못된 것은?

(정답은 204쪽에 있습니다.)

① 네덜란드의 천문학자 뢰머는 목성 둘레를 도는 위성을 이용해 빛의 속도를 계산했다.
② 미국의 마이컬슨과 몰리는 진자를 이용해 빛의 속도를 계산했다.
③ 프랑스의 물리학자 피조는 톱니바퀴의 틈 사이를 지나는 빛을 이용해 빛의 속도를 계산했다.
④ 영국의 천문학자 브래들리는 계절마다 별의 위치가 조금씩 다르다는 사실을 이용해 빛의 속도를 계산했다.

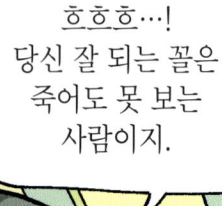

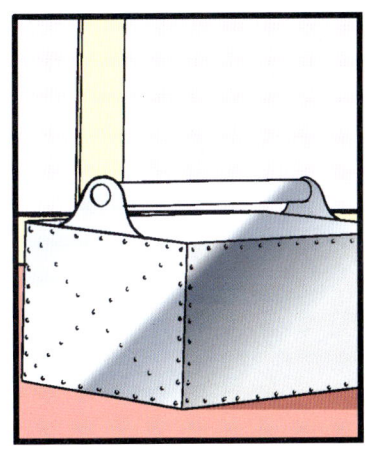

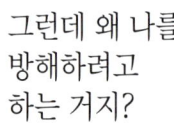

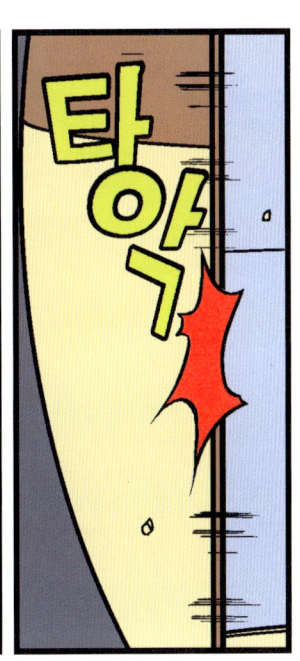

큰일이다. 내가 위험해!

그게 무슨 말씀이세요, 박사님?!

게슈타포가 타임머신을 타고 과거로 떠났어!

과거의 나한테 무슨 해코지를 할지 몰라!!

그… 그럼 어떡하면 되죠?!

쿠웅

네가 아인슈타인이냐?

그… 그런데요…

그럼 사라져 줘야겠다!

파 악

!!

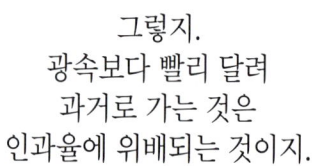

빛보다 빨리 달릴 수 있을까요?

 빛의 속도는 절대로 넘볼 수가 없답니다. 아인슈타인의 특수상대성이론에 따르면, 빛의 속도를 넘어 빛보다 빠르게 달리는 것은 불가능해요.

 그런데 빛보다 빨리 달리는 게 있을 지도 모른다고 생각하는 과학자들도 있어요. 빛보다 빨리 운동하는 가상의 물질을 타키온이라고 불러요. 타키온을 찾기 위해서 노력하고 있지만 아직까지 발견하지는 못했어요. 타키온은 아직 현실이 아니라 머릿속에서나 그릴 수 있는 상상의 존재일 뿐이에요. 타키온처럼 빛의 속도보다 빨리 운동한다면 아주 이상한 일이 벌어질 거예요. 과거와 미래를 쉽게 넘나들 수 있어요. 즉, 타임머신이 만들어질 수 있다는 것이지요.

 자연에서 일어나는 현상들은 반드시 그 현상이 일어나게 하는 원인이 있어요. 즉, 원인이 있어야 어떤 결과가 있는 거예요. 이것을 인과율이라고 해요. 그런데 타임머신은 원인과 결과를 뒤죽박죽으로 만들어 버려요. 인과율을 어긋나게 한다는 말이지요. 그러니 타키온도 인과율에 어긋나는 물질이에요. 만약 타키온이 발견된다면 지금까지 쌓아 온 자연의 법칙이 뒤죽박죽되지요. 이런 타키온이 정말 존재할까요?

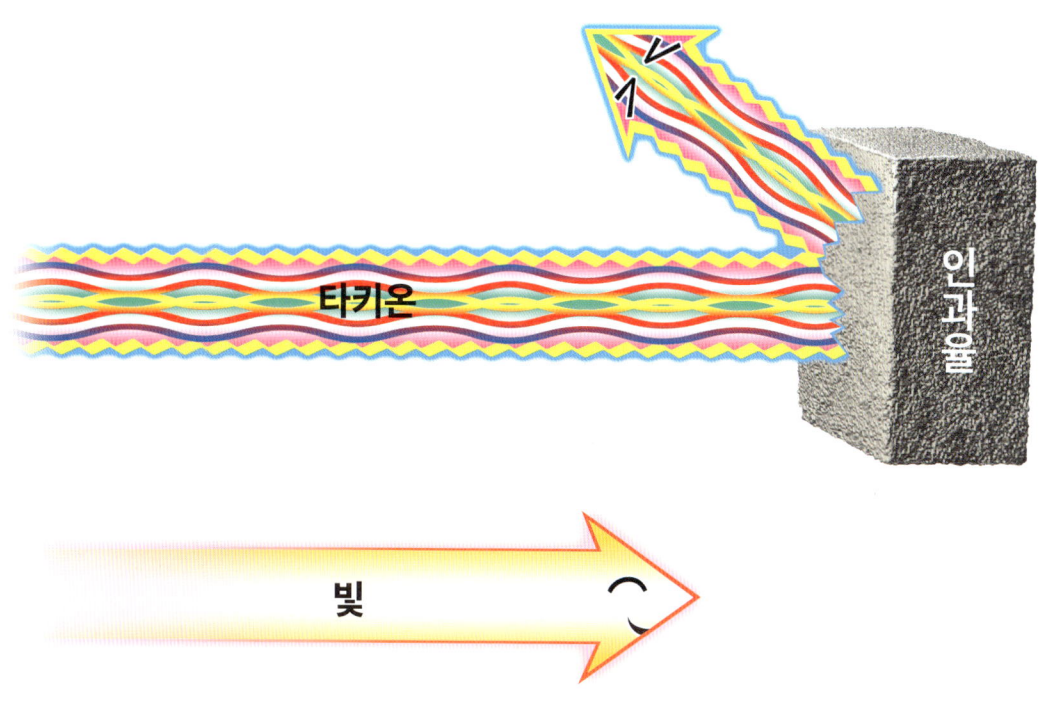

광속, 넘보지 매!

Q 아인슈타인과 친한 친구는 누구인가요?

A 어릴 적 아인슈타인이 다녔던 독일 학교에선 매번 친구들로부터 따돌림을 당하곤 해서 좋은 친구는커녕 친구들조차 사귈 여건이 마련되질 못했지요. 그랬던 아인슈타인이 좋은 친구를 사귀게 된 것은 대학에 들어가서였어요. 그로스만도 아인슈타인이 대학에서 만난 좋은 친구였지요. 그로스만은 아인슈타인의 재능을 가장 먼저 알아본 사람이었지요. 그로스만은 특허국장을 잘 알고 있던 아버지에게 "아인슈타인은 틀림없이 큰일을 해 낼 사람이에요"라고 말하면서 아인슈타인의 일자리를 적극 부탁했지요.

훗날 훌륭한 수학자가 된 그로스만은 아인슈타인이 일반상대성이론을 완성하는 데 결정적인 도움을 주기도 했답니다. 그로스만은 비유클리드 기하학을 적용하면 될 것이라고 조언해 주었고 아인슈타인은 마침내 일반상대성이론을 완성해 냈답니다.

아인슈타인이 사귄 좋은 친구는 그로스만 말고 세 사람이 더 있었어요. 아인슈타인은 스위스의 특허국에서 일하고 있을 무렵에 그들과 함께 '베른 아카데미 올림피아'라고 하는 모임을 만들었어요. 이 모임에 참여한 세 명의 친구는 솔로비누, 하비히트 그리고 그의 부인이 된 밀레바였지요. 아인슈타인은 말년에 그때의 기억을 이렇게 회상했지요.

"우리는 베른에서 모든 것을 즐겁게 즐겼지요. 나이가 든 지금에 와서 돌이켜봐도 베른 아카데미 올림피아는 우리에게 상당한 성과를 가져다 준 고마운 모임이었습니다. 그때의 우리 회원들이 이제는 모두 다 늙었지만, 화사하고 생기 넘친 그때의 기억은 여전히 밝게 빛나고 있습니다."

빛보다 빠른 속도를 가진 가상의 물질을 타키온이라고 한다. 타키온에 관한 설명 중 잘못된 것은?

(정답은 204쪽에 있습니다.)

① 빛보다 빠른 물질은 독일의 물리학자 좀머펠트가 처음으로 생각한 아이디어다.
② 타키온이라는 말은 미국의 물리학자 제럴드 파인버그가 '빠르다'라는 그리스어 '타키스(tachys)'에서 이름을 붙였다.
③ 특수상대성이론에 의하면 빛보다 빠른 물질은 존재할 수 없지만, 일반상대성이론은 빛보다 빠른 물질도 있을 수 있다는 것을 증명했다.
④ 오스트레일리아의 클레이와 크라우치가 타키온으로 의심되는 물질을 관측하여 영국의 과학잡지 네이처에 발표했다.

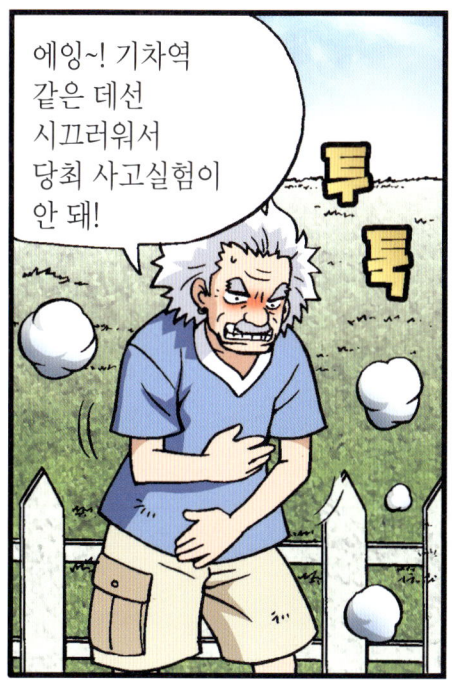

여기서는 왜 공이 휘어져 보이지?

햐~! 마법보다 더 신기해.

너희들은 기차 밖에서도 야구공이 곧게 떨어질 거라고 봤지?

네.

그런데 그렇지 않았지.

기차 안에서 볼 때와 밖에서 볼 때 야구공이 떨어지는 모습은 분명히 달랐거든.

달리는 쪽으로 길이가 줄어들어요

 광속에 가까운 속도로 운동하면 아주 이상한 한 일들이 일어난답니다. 우리가 생활하면서는 결코 경험할 수 없는 현상들이 일어나는 것이지요. 우선, 길이가 줄어들어요. 멈추어 있을 때 길이가 30㎝인 자가 20㎝로 줄어들기도 하고 10㎝로 줄어들기도 해요. 이렇게 길이가 줄어드는 현상은 빨리 달리면 빨리 달릴수록 더욱 두드러지게 나타나지요.

 예를 들어, 빛의 속도의 10분의 1로 달릴 때보다는 10분의 2로 달릴 때가, 10분의 2보다는 10분의 3의 속도로 달릴 때 길이는 더 줄어들게 된답니다.

 그러면 얼마나 빨리 달리고 있는지 알아보려면 어떻게 하면 될까요? 길이가 얼마나 줄어들었는지 알면 속도를 알 수 있어요.

 길이가 줄어들긴 하는데 아무 방향이나 마구 줄어드는 것은 절대 아니에요. 달리는 쪽만 줄어들어요. 예를 들어, 우주선이 달리고 있다면 앞쪽이 줄어들지, 양 옆이나 뒤쪽은 줄어들지 않아요. 그러니까 쉽게 생각해서 뚱뚱한 사람이 빨리 달리고 있다면 옆모습이 홀쭉이처럼 되는 것이지 키도 줄어드는 것은 아닙니다.

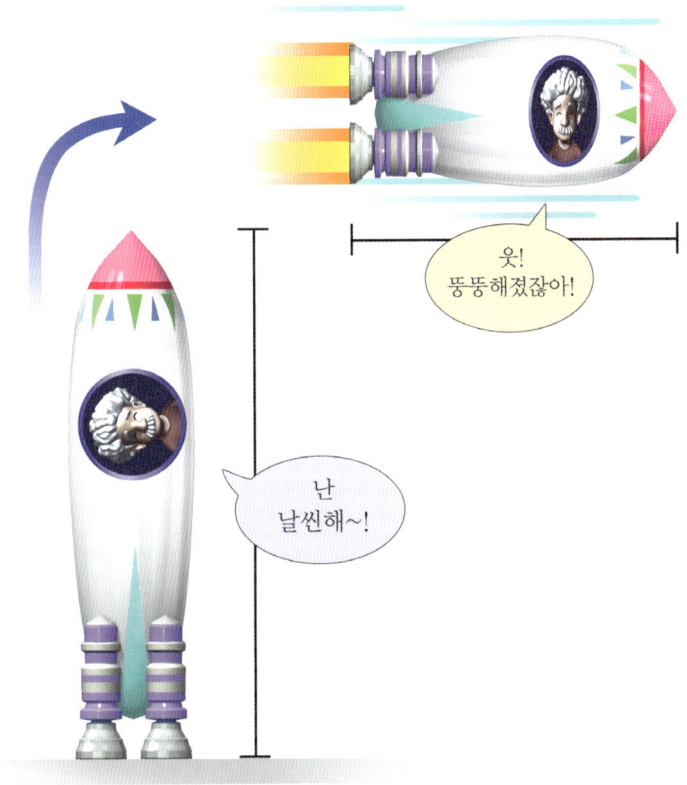

Q 아인슈타인이 유대인이라고 하는데 유대인이란 누구인가요?

A '탈무드'라는 책 들어 본 적이 있지요? '탈무드'는 유대교의 율법, 사상, 습관, 축제 등을 총망라한 경전으로 유대인의 정신과도 같은 것이에요. 유대인이란 팔레스타인 지방에 살며 헤브라이어를 쓰는 사람들을 말해요. 헤브라이인 또는 이스라엘인이라고도 하지요.

유대인들은 천지만물의 창조자인 여호와를 유일신으로 섬겼어요. 유럽 사람들이 유대인들을 미워한 이유는 보통 유럽인들과 다른 종교를 가지고 있고, 평판이 좋지 않은 세금 징수인이나 고리 대금업을 했기 때문이랍니다. 유대인들이 상업 분야에서 성공하여 돈만 알고 또 자기 민족끼리만 모이려는 성격을 유럽인들이 싫어했던 거지요. 이런 사회적 상황으로 유대인들도 정해진 구역에 모여 살고 유대인들끼리만 결혼하는 등 유럽 사회와 벽을 쌓게 되었답니다.

19세기 유럽에서는 반유대주의가 일어나기 시작했어요. 유대인들이 열등한 민족이며 범죄자들이 많다는 주장을 펴며 미워했지요.

그래서 19세기에는 러시아가 20세기에는 독일이 유대인을 대량 학살하는 일이 벌어졌답니다. 유대인들은 유럽에서의 박해를 피해 주로 미국으로 이주했고, 현재 전세계에 유대인은 약 1400만 명이에요. 아인슈타인도 유대인 박해를 피해 미국으로 건너간 것이지요.

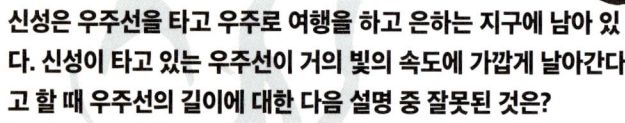

신성은 우주선을 타고 우주로 여행을 하고 은하는 지구에 남아 있다. 신성이 타고 있는 우주선이 거의 빛의 속도에 가깝게 날아간다고 할 때 우주선의 길이에 대한 다음 설명 중 잘못된 것은?
(정답은 204쪽에 있습니다.)

① 신성이 타고 있는 우주선의 길이를 지구에 남아 있는 은하가 잰다면, 지구에서 출발할 때보다 짧아졌다는 것을 알 수 있다.
② 신성이 타고 있는 우주선의 길이를 지구에 남아 있는 은하가 잰다면, 우주선이 무거워지기 때문에 지구에서 출발할 때보다 길어졌다는 것을 알 수 있다.
③ 우주선을 타고 여행하고 있는 신성에게는 지구에서 출발할 때나 여행 중이나 우주선의 길이는 똑같다.
④ 빛의 속도에 가까운 속도로 움직일 때 물체의 길이가 줄어드는 현상을 처음으로 생각해 낸 과학자는 아인슈타인이 아니라 로렌츠와 피츠제럴드다.

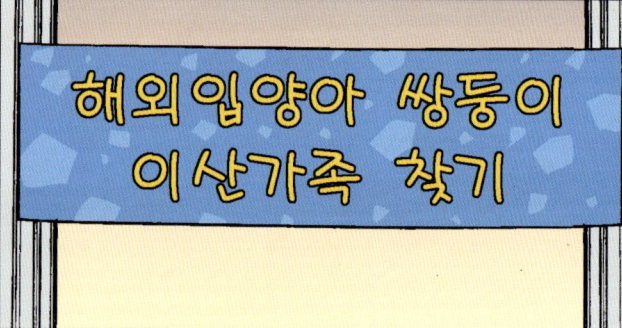

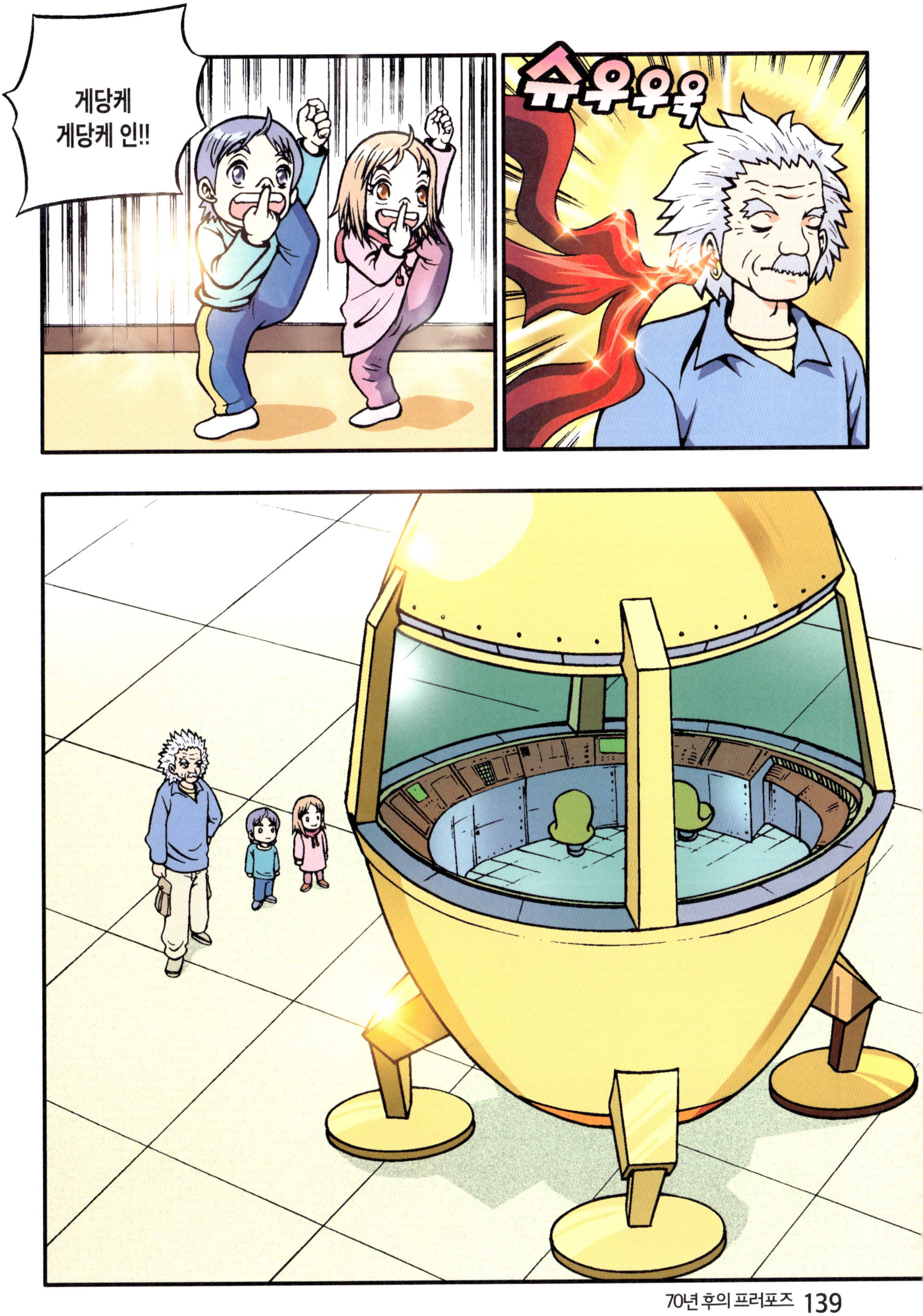

빨리 달리면 시간이 느려져요

광속에 가까운 속도로 운동할 때 일어나는 이상한 일들 중 시간의 변화가 있어요. 옛날부터 사람들은 시간은 절대로 변하지 않는다고 생각했어요. 할아버지가 밭일을 하면서 보낸 한 시간이나 아버지가 회사에서 업무를 하면서 보내는 한 시간이나 내가 공부를 하면서 보내는 한 시간은 모두 똑같은 것이지요. 그런데 아인슈타인은 시간도 변할 수 있다고 생각하고 "빨리 달리면 달릴수록 시간은 더 느려진다"라고 말했어요.

예를 들어 멈춰 있는 사람의 시계보다는 빛의 속도의 5분의 1로 달리는 우주선 안에 있는 시계가 더 느리고, 이보다는 빛의 속도의 절반으로 달리는 우주선에 있는 시계가 더욱 더 느리게 간다는 것이지요. 그러면서 아인슈타인은 이렇게 말했어요.

"언제나 똑같은 시간은 없습니다. 시간은 누가 어떤 운동을 하느냐에 따라서 수시로 달라지지요." 그러고 나서 다음과 같이 덧붙였지요.

"똑같은 시각을 알려 주는 시계는 이 세상 어디에도 없습니다. 아주 조금씩이나마 다 다르지요. 이것은 우주에 시간이 다른 시계가 엄청나게 많다는 의미이지요."

Q 아인슈타인이 대통령이 될 수도 있었다는데 사실인가요?

A 1952년 11월 9일, 이스라엘의 첫 번째 대통령인 와이즈만이 죽었어요. 와이즈만은 아인슈타인과 함께 미국을 방문한 적도 있는 유명한 과학자이기도 했지요. 와이즈만이 죽자 이스라엘 정부는 다음 대통령으로 세계적인 물리학자 아인슈타인을 추천했어요.

아인슈타인은 이스라엘 정부가 보낸 전보를 받았지요. 전보를 받아 본 아인슈타인은 기뻐했답니다. 자신의 동족인 유대인 국가가 자신을 대통령으로 생각해 주었다는 것에 감동했기 때문이지요.

그러나 아인슈타인은 대통령이 되어 달라는 요청을 거절했어요. 대통령은 자신보다 정치를 더 잘 하는 사람이 하는 것이 좋다고 생각했기 때문이지요. 아인슈타인은 정치와 학문은 따로 떨어져야 한다고 믿었어요. 아인슈타인 자신은 물리학 이론을 착실하게 쌓아 나가는 것이 본분이라고 믿었던 것이랍니다.

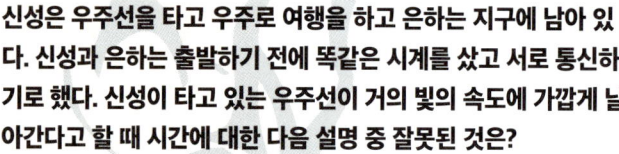

신성은 우주선을 타고 우주로 여행을 하고 은하는 지구에 남아 있다. 신성과 은하는 출발하기 전에 똑같은 시계를 샀고 서로 통신하기로 했다. 신성이 타고 있는 우주선이 거의 빛의 속도에 가깝게 날아간다고 할 때 시간에 대한 다음 설명 중 잘못된 것은?

(정답은 204쪽에 있습니다.)

① 신성은 1분에 한 번씩 은하에게 송신하는데 은하는 1분이 아닌 훨씬 긴 시간에 한 번씩 신호를 받는다.
② 지구에 있는 은하가 보기에 신성의 시계는 더 천천히 간다.
③ 빛의 속도에 가까울수록 시간은 더 천천히 간다.
④ 아인슈타인은 특수상대성이론에서 공간은 상대적이지만 시간은 절대적이어야 한다고 생각했다.

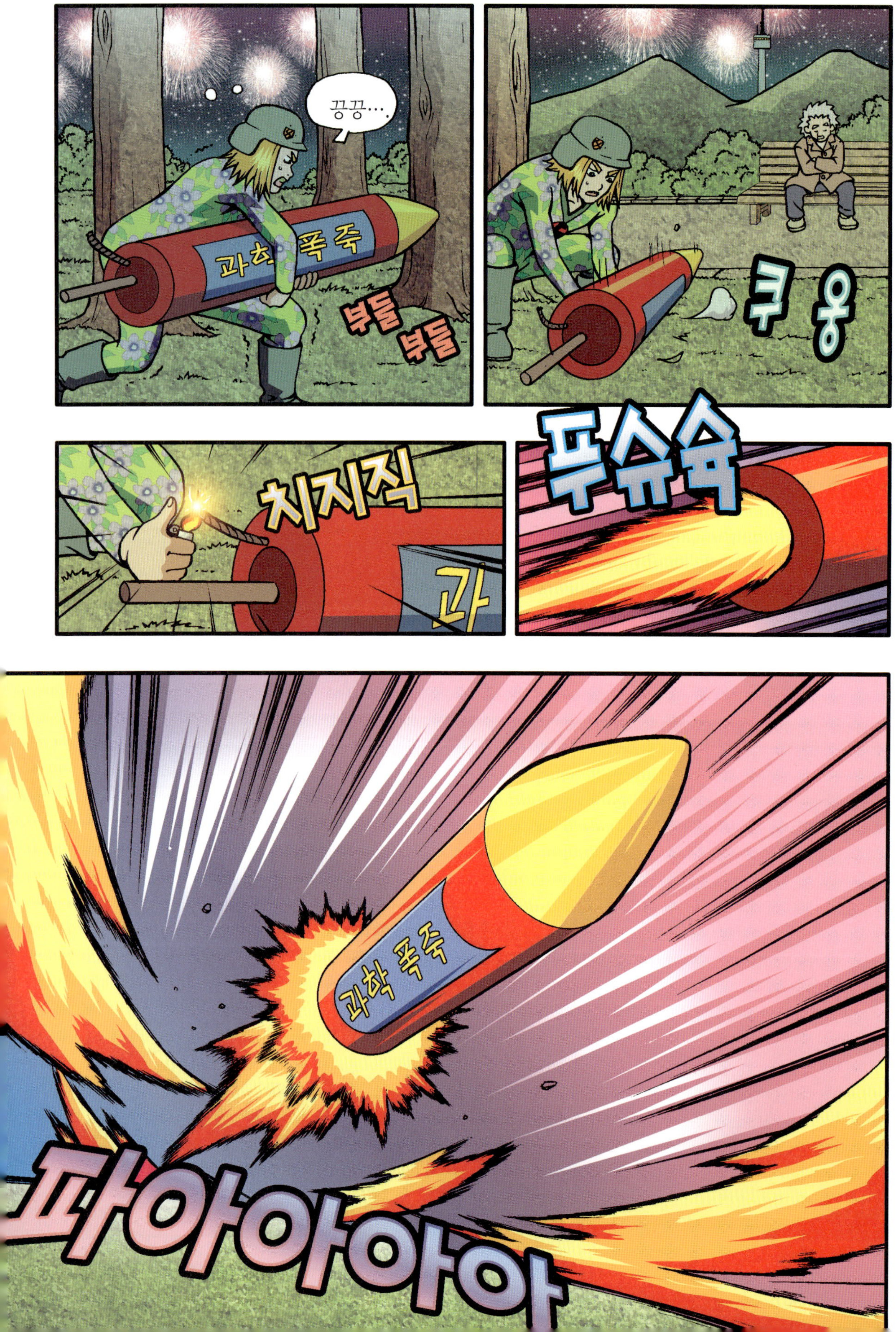

끙끙....

과학 폭죽

부들 부들

쿠웅

치지직

과

푸슈슉

과학 폭죽

파아아아아

$E=mc^2$

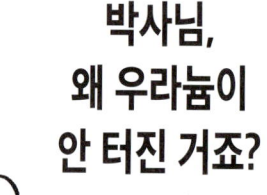

빨리 달리면 무거워져요

광속에 가까운 속도로 운동하면 길이와 시간뿐만 아니라 질량, 즉 무게도 변해요. 빨리 달리면 빨리 달릴수록 물체는 더 무거워지지요. 그러다가 빛의 속도와 같이 운동하면 무게가 무한대에 이르게 된답니다. 무한대란 끝이 없다는 것이지요. 그러니까 무게가 끝없이 무거워진다는 말이지요. 끝없이 무거운 물체가 움직일 수 있을까요? 움직일 수 없어요. 그래서 빛의 속도 이상으로 운동할 수 없는 것이에요.

아인슈타인은 질량이 에너지와 같다는 사실을 알아 냈어요. 이것을 '질량-에너지 등가 원리'라고 하여 $E=mc^2$로 나타내는 유명한 공식이에요.

이 공식의 의미는 아주 작은 질량을 가진 물체라 하더라도 커다란 에너지를 갖는다는 것이지요. 아인슈타인은 질량-에너지 등가 원리가 우리의 삶에 실제로 이용되는 데는 꽤 오랜 시간이 걸릴 것으로 보고 이렇게 말했어요.

"내가 살아 있는 동안에 질량-에너지 등가 원리가 실제로 응용되는 걸 보기는 어려울 것입니다."

그런데 현실은 그렇지 않았어요. 아인슈타인이 살아 있는 동안 질량-에너지 등가 원리를 응용한 핵반응 실험이 성공했답니다. 핵반응 실험의 성공으로 원자력 발전이 가능해졌고, 무시무시한 원자 폭탄이 개발되었답니다.

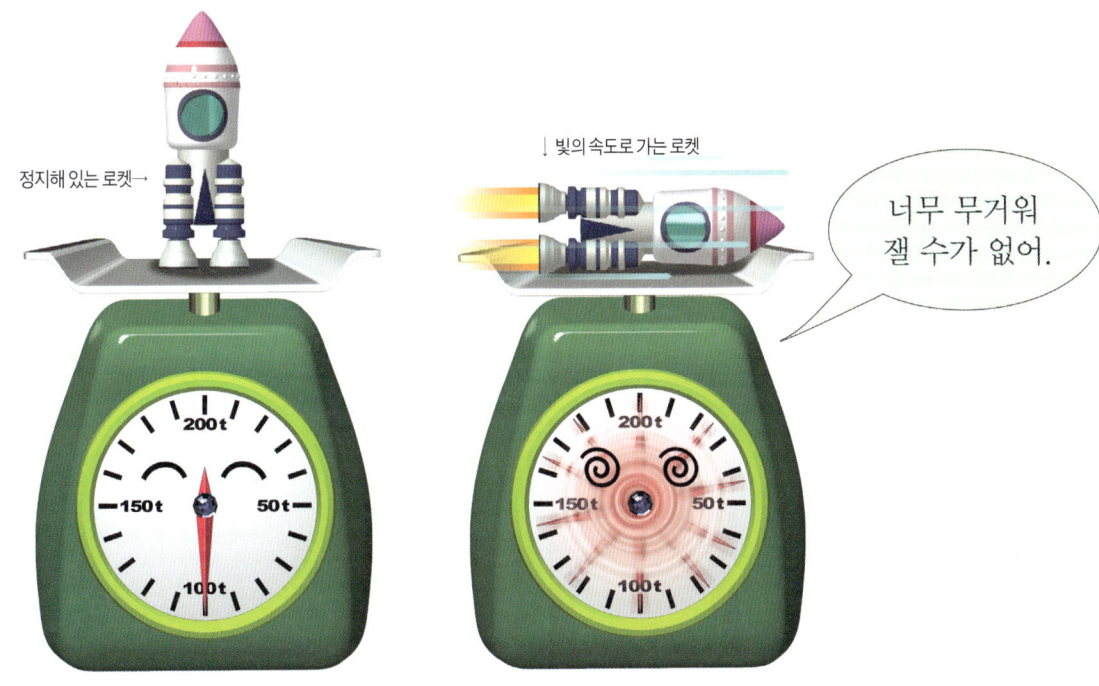

Q 아인슈타인이 원자폭탄을 만들라는 편지를 직접 썼나요?

A 독일이 원자폭탄을 만들고 있다는 소식을 들은 물리학자 실라드가 아인슈타인을 찾아가서 그 이야기를 상세히 설명했어요. 설명을 차분히 듣고 난 아인슈타인은 몹시 걱정스러워했어요. 독일이 먼저 원자폭탄을 갖게 되면 세상이 위험하게 될 것이라고 보았지요.

그래서 아인슈타인은 미국의 루스벨트 대통령에게 편지를 써서 독일보다 먼저 원자폭탄을 만들어야 한다는 것을 강조했지요. 하지만 아인슈타인이 직접 편지를 쓰진 않았어요. 아인슈타인이 이런 내용을 쓰면 좋겠다고 말을 했고, 실라드와 함께 아인슈타인을 찾아간 텔러가 그걸 꼼꼼히 받아 적었답니다. 텔러는 수소폭탄을 발명한 미국의 물리학자예요. 편지의 내용은 대략 다음과 같답니다.

미합중국 프랭클린 루스벨트 대통령 귀하

머지않은 미래에 우라늄에서 나오는 핵에너지가 중요한 에너지원이 될 것입니다. 우라늄을 이용하면 연쇄반응이 가능해지고, 막대한 에너지가 나오게 됩니다. 이것은 무시무시한 파괴력을 갖는 원자폭탄을 만들 수도 있습니다. 원자폭탄을 하나만 배에 싣고 가서 폭파시켜도 항구 전체는 물론이고 그 주변 모두를 폐허로 만들어 버립니다. 그러니 한시바삐 미국도 훌륭한 물리학자들을 참여시켜 원자폭탄을 만드는 일에 뛰어들어야 할 것입니다.

사방이 막혀 있는 공간에 원자폭탄이 있다. 어느 순간 원자폭탄이 폭발했다. 폭발 전과 폭발 후의 질량 변화에 대한 다음 설명 중 맞는 것은?

(정답은 204쪽에 있습니다.)

① 폭발하기 전의 질량이 크다.
② 폭발한 후의 질량이 크다.
③ 폭발 전과 후의 질량은 변함이 없다.
④ 폭발 전과 후의 질량 변화는 알 수가 없다.

우와~!
박사님이 이런 델 다 데려다 주시다니!!

놀이공원이네! 신난다!!

자, 먼저 1차원 롤러코스터를 타러 가자!

와~! 롤러코스터요?

빨리 가요, 네~!!

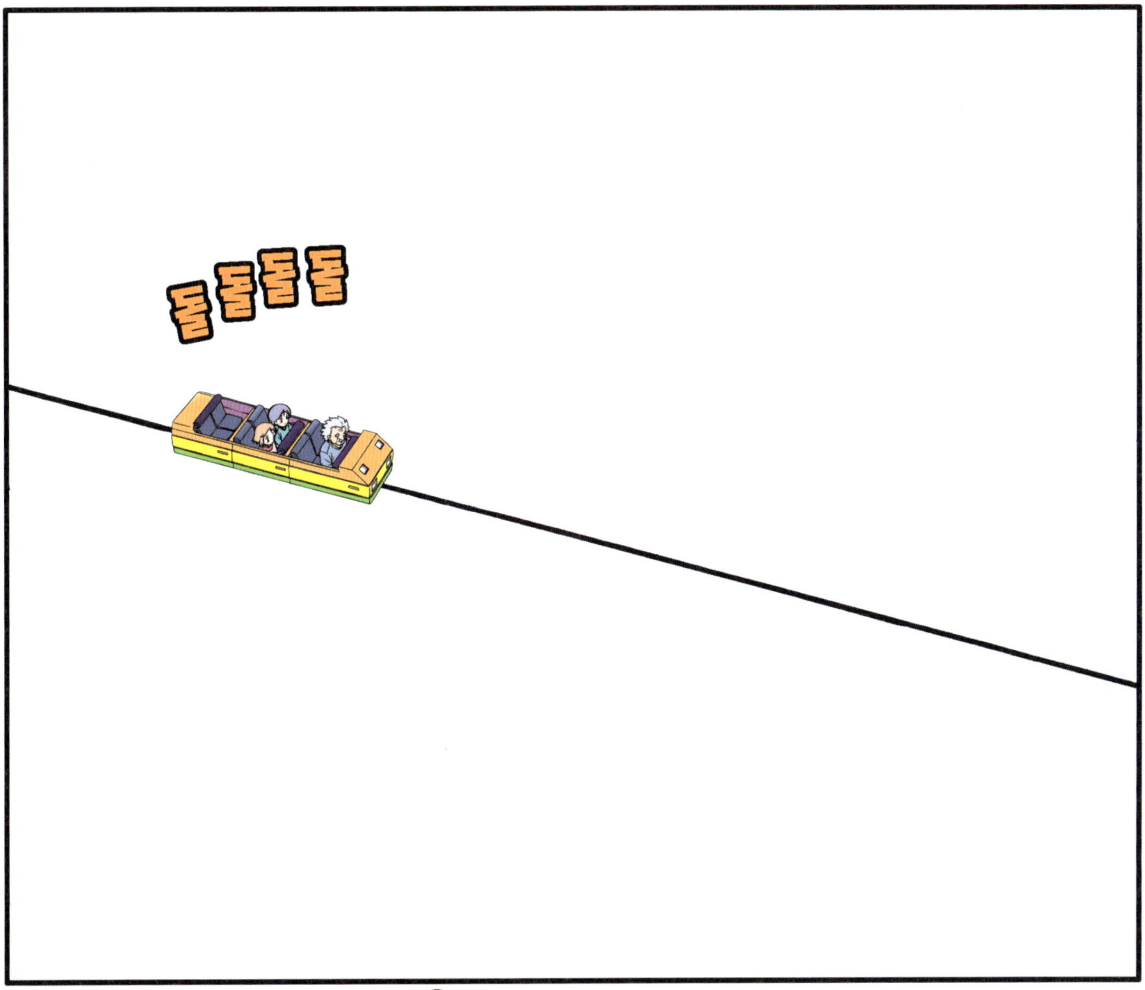

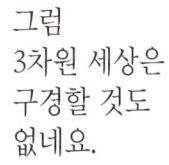

크아악! 너… 너는… 스… 스컹크?!

으아악!

그런데 박사님, 어떻게 저곳을 빠져나올 수 있었어요?

4차원 시공간은 우리가 살고 있는 3차원 공간에 시간의 개념이 더해진 거란다.

그래서 시간을 조절해서 우리가 컨테이너로 들어가기 전으로 돌아간 거지.

아항~! 그렇군요.

공간과 시간은 한 친구예요

선을 옆으로 계속 모으면 가로와 세로가 있는 면이 생기지요. 그리고 면을 죽 쌓아올리면 가로, 세로, 높이가 있는 공간이 생긴답니다. 공간은 우리가 마음껏 움직일 수 있는 곳이에요. 앞으로, 뒤로, 왼쪽으로, 오른쪽으로, 위로, 아래로 말이지요.

그러나 시간은 절대로 우리 마음대로 할 수가 없어요. 우리는 그저 시간이 흘러가는 대로 따라갈 뿐이에요. 할머니의 자장가를 듣고 싶다고 해서 과거로 돌아갈 수 없고 100년 후의 학교가 어떻게 변했는지 궁금하다고 미래로 갈 수 없답니다. 이처럼 시간은 공간과는 전혀 다른 특성을 가지고 있어요. 그래서 시간과 공간을 한데 묶는다는 건 상상할 수 없는 일이었어요. 누가 봐도 어리석은 생각처럼 보이지요.

그런데 아인슈타인은 그렇지 않다고 생각했어요. 상대성이론에서 시간과 공간은 한데 어우러져서 변한다는 것을 보여 주었어요. 이것은 시간과 공간을 따로 생각해선 안 된다는 말이에요. 시간과 공간을 한데 묶어 시공간이라고 부른답니다. 3차원 공간에 1차원 시간을 더했다는 뜻으로 4차원 시공간이라고도 부르지요.

Q 아인슈타인이 연구에 매달렸던 통일장이론이란 무엇인가요?

A 특수상대성이론과 일반상대성이론을 완성하고 난 후, 아인슈타인이 마지막으로 심혈을 기울인 연구는 통일장이론이었어요. 통일장이론의 핵심은 힘과 힘을 합치는 것이지요. 자연계에는 중력, 전자기력, 약한 핵력, 강한 핵력의 네 가지 기본적인 힘이 존재한답니다. 이 중 약한 핵력과 강한 핵력은 아인슈타인이 살아 있는 동안에는 밝혀지지 않은 힘이었지요. 중력과 전자기력은 우리가 늘 경험할 수 있는 힘이에요. 중력은 지구가 우리를 잡아당기는 힘이고, 전자기력은 전기와 자석이 가지고 있는 힘이지요. 그러나 약한 핵력과 강한 핵력은 일상생활에서 쉽게 느낄 수 있는 힘이 아니에요. 이들은 아주 작은 원자 속에서 작용하는 힘이랍니다.

아인슈타인은 그때까지 알려진 두 힘, 중력과 전자기력을 합치려고 노력했어요. 이 두 힘이 합쳐진다면 자연의 모든 힘이 통일된다고 생각했지요. 자연 현상도 거뜬히 다 설명해 낼 수 있지요. 이 얘기는 최고의 물리학 이론을 만들어 낸다는 뜻이기도 해요. 하지만 안타깝게도 아인슈타인은 그 의미 있는 업적을 완성하지 못하고 세상을 떠났어요.

차원에 대한 설명 중 잘못된 것은?

① 2차원은 곡면 또는 입체로 되어 있는 공간이다.
② 4차원 시공간에서도 인과율은 성립한다.
③ 0차원은 점만 존재하는 세계다.
④ 아인슈타인의 수학 교수였던 민코프스키는 특수상대성이론을 4차원 시공간으로 설명했다.

QUIZ 정답
1.④ 2.③ 3.② 4.③ 5.② 6.④ 7.③ 8.①